BEI GRIN MACHT SICH IHR WISSEN BEZAHLT

AF144392

- Wir veröffentlichen Ihre Hausarbeit,
  Bachelor- und Masterarbeit

- Ihr eigenes eBook und Buch -
  weltweit in allen wichtigen Shops

- Verdienen Sie an jedem Verkauf

Jetzt bei www.GRIN.com hochladen und kostenlos publizieren

Anonym

Planung einer Unterrichtsstunde zum Thema Weltreligionen

Unter Berücksichtigung des lerntheoretischen Ansatzes nach Dr. Heinrich Roth

GRIN Verlag

Bibliografische Information der Deutschen Nationalbibliothek:

Die Deutsche Bibliothek verzeichnet diese Publikation in der Deutschen National-
bibliografie; detaillierte bibliografische Daten sind im Internet über http://dnb.d-
nb.de/ abrufbar.

Impressum:

Copyright © 2010 GRIN Verlag GmbH
Druck und Bindung: Books on Demand GmbH, Norderstedt Germany
ISBN: 978-3-656-32780-6

Dieses Buch bei GRIN:

http://www.grin.com/de/e-book/205325/planung-einer-unterrichtsstunde-zum-
thema-weltreligionen

Universität Paderborn

Planung einer Unterrichtsstunde zum Thema Weltreligionen

Unter Berücksichtigung des lerntheoretischen Ansatzes nach Dr. Heinrich Roth

Gliederung

1.   Einleitung

In meiner Hausarbeit werde ich im folgenden einen didaktischen Ansatz vorstellen und daraufhin eine Unterrichtsstunde zum Thema Weltreligionen planen. Dr. Heinrich Roth hat einen didaktischen lerntheoretischen Ansatz erarbeitet, welchen ich im Laufe meiner Hausarbeit vorstellen möchte. Danach werde ich Roths Ansatz nutzen um eine Unterrichtsstunde zum Thema Weltreligionen zu planen. Das Thema Weltreligionen ist meiner Meinung nach ein sehr bedeutendes Thema im Religionsunterricht der Sekundarstufe. Aus diesem Grund möchte ich dieses Thema in meiner im Folgenden beschriebenen Unterrichtssequenz behandeln. Meiner Meinung nach ist Roths didaktischer Ansatz für dieses Modell einer Unterrichtsstunde zum Thema Weltreligionen im Fach der evangelischen Theologie sehr geeignet.

2.   Didaktischer Ansatz nach Dr. Heinrich Roth

Dr. Heinrich Roth, geboren 1906, gestorben 1983, war unter anderem als Professor an der Universität Göttingen tätig.

In seinem Werk „Pädagogische Psychologie des Lehrens und Lernens" stellte er unter anderem seinem Überlegungen zu einem lerntheoretischen, didaktischen Ansatz dar. Diese sollen im Folgenden näher erläutert werden. Roth entwickelte seinen lerntheoretischen Ansatz im Jahr 1963. Es handelt sich um einen sehr weiten Lernbegriff:

> Pädagogisch gesehen bedeutet Lernen die Verbesserung oder den Neuerwerb von Verhaltens- und Leistungsformen und ihren Inhalten. Lernen meint aber meist noch mehr, nämlich die Änderung bzw. Verbesserung der diesen Verhaltens- und Leistungsformen vorausgehenden und sie bestimmenden seelischen Funktionen des Wahrnehmens und Denkens, des Fühlens und Wertens, des Strebens und Wollens, also eine Veränderung der inneren Fähigkeiten und Kräfte, aber auch der durch diese Fähigkeiten und Kräfte aufgebauten inneren Wissens-, Gesinnungs- und Interessenbestände des Menschen.[1]

Nach Roth sollte sich eine Lerntheorie mit dem Übergang von einer Ausgangslage zu einer Endlage beschäftigen. Die Ausgangslage leitet den Lernprozess ein, ihre Beschaffenheit ist laut Roth von großer Bedeutung. Auch die Frage, wie die Ausgangslage beschaffen sein sollte, sollte von einer Lerntheorie beantwortet

---

[1] Roth, Heinrich: Pädagogische Psychologie des Lehrens und Lernens. 9.Auflage. Herman Schroeder Verlag. Hannover 1966. S. 188

werden. Gleiches gilt für die Endlage, auch hier ist die Beschaffenheit sehr wichtig.[2] Roth erläutert weiterhin, dass ein pädagogisch befriedigender Abschluss eines Lernprozess von sehr großer Wichtigkeit ist.[3] Roth hat durch die Analyse anderer didaktischer Ansätze, unter anderem von Guyer, sechs Lernschritte zusammengestellt, die für die schultypische Lernart, in der das Lernen von der Lehrperson angestoßen wird, geeignet sind. Zudem hat er zu jedem der sechs Lernschritte Lernhilfen entwickelt. Der erste Lernschritt ist die „Stufe der Motivation"[4]. Hier soll eine Handlung zustande kommen und ein Lernwunsch erwachen. Ziel ist das Anstoßen eines Lernprozesses, die Klärung der Aufgabenstellung und das Erwecken eines Lernmotives.[5] Als Lernhilfen Roth hier unter anderen die Möglichkeit an Bedürfnisse und Interessen der Schülerinnen und Schüler[6] anzuknüpfen, Erfolgserlebnisse zu vermitteln, den Wettbewerb und die Zusammenarbeit der SuS untereinander anzuregen. Auch die überlegte Verwendung von Lob und Kritik sind in dieser Phase von großer Bedeutung.[7]

Die „Stufe der Schwierigkeiten"[8] ist der zweite Lernschritt. Hier sollte sich herausstellen, dass die Handlung nicht gelingt, da die verfügbaren Verhaltens- und Leistungsformen nicht ausreichen. Auch die Übernahme oder der Neuerwerb der gewünschten Leistungsform in den eigenen Besitz könnte Schwierigkeiten bereiten. Die Lehrperson muss die Schwierigkeiten der Schüler entdecken. Lernhilfen um die Schwierigkeiten zu überwinden können laut Roth unter anderem die Vermeidung von Überforderung und Ungeduld sowie die Erleichterung und Erschwerung der Aufgabe in angemessener Weise sein. Aber auch die Ermöglichung des Lernens am Objekt selbst ist eine Möglichkeit Schwierigkeiten im Lernprozess zu vermeiden.[9]

Der dritte Lernschritt beinhaltet die „Stufe der Lösung"[10]. Hier soll ein neuer Lösungsweg entdeckt werden, der zur Vollendung der Handlung oder zur Lösung der Aufgabe dient. Dies geschieht durch Anpassung, Probieren oder Einsicht der SuS.

---

[2] Vgl.:Ebd. S.188
[3] Vgl.: Tulodziecki, Gerhard; Herzig, Bardo; Blömeke, Sigrid: Gestaltung von Unterricht. Eine Einführung in die Didaktik. 2. Auflage. Julus Klinkhardt Verlag. Bad Heilbrunn 2009. S.222.
[4] Roth, Heinrich: Pädagogische Psychologie des Lehrens und Lernens. S.223.
[5] Vgl.: Ebd.: S.223
[6] Im folgenden als SuS bezeichnet
[7] Vgl.: Tulodziecki, Gerhard; Herzig, Bardo; Blömeke, Sigrid: Gestaltung von Unterricht. Eine Einführung in die Didaktik. S.225.
[8] Roth, Heinrich: Pädagogische Psychologie des Lehrens und Lernens. S.224.
[9] Vgl.: Tulodziecki, Gerhard; Herzig, Bardo; Blömeke, Sigrid: Gestaltung von Unterricht. Eine Einführung in die Didaktik. S.225.
[10] Roth, Heinrich: Pädagogische Psychologie des Lehrens und Lernens. S.224.

Die Übernahme oder der Neuerwerb der gewünschten Leistungsform wird ermöglicht und gelingt immer mehr. Die Lehrperson sollte hierbei den Lösungsweg aufzeigen. Eine weitere Lernhilfe, die die Lehrperson nutzen kann, um die Lösung zusammen mit den SuS zu finden, ist das Arrangieren von Wechseln zwischen Einzelarbeit und Gruppengespräch sowie zwischen Selbstfinden der SuS und Übernehmen durch die Lehrperson. Zudem sollte de Lehrperson abwarten können, die SuS probieren lassen und den Mut der SuS zu eigenen Einfällen stärken.[11]

Beim vierten Lernschritt handelt es sich um die „Stufe des Tuns und Ausführens"[12]. Hierbei geht es um die Ausführung des neuen Lösungsweges und die aktive Vollziehung der neuen Leistungsform. Die Lehrperson soll neue Leistungsformen durchführen und ausgestalten lassen.[13] Die Lehrperson sollte hierbei von der Einsicht der SuS zum Tun führen. Auch sollte die Lehrperson die SuS vom Tun zur Einsicht sowie zum Können führen um den vierten Lernschritt abzuschließen.[14]

Im fünften Schritt, der „Stufe des Behaltens und Einübens"[15] geht es um die Verfestigung der neuen Leistungsform durch den Gebrauch im Leben. Neue Verhaltens- und Leistungsformen sollen durch praktischen Gebrauch bewusst eingeübt werden. Durch Variationen der Anwendungsbeispiele sollen die neuen Verhaltens- und Leistungsformen eingeprägt werden.[16] Hier kann die Lehrperson als Lernhilfen aktive und soziale Übungsformen verwenden und die Einübung strukturieren und stetig überprüfen, so Roth.[17]

Im sechsten und letzten Schritt, der „Stufe des Bereitstellens, der Übertragung und der Integration des Gelernten"[18] geht es um die Bereitstellung der gefestigten Leistungsform für künftige Situationen des Lebens der SuS. Die Lehrperson ist erst zufrieden, wenn das Gelernte als neue Einsicht, Verhaltens oder Leistungsform mit der Persönlichkeit verwachsen ist.[19] Hierfür kann die Lehrperson zum Beispiel Verknüpfungen mit bereits Gelerntem herstellen sowie allgemeine Prinzipien und

---

[11] Vgl.: Tulodziecki, Gerhard; Herzig, Bardo; Blömeke, Sigrid: Gestaltung von Unterricht. Eine Einführung in die Didaktik. S.225.
[12] Roth, Heinrich: Pädagogische Psychologie des Lehrens und Lernens. S.225.
[13] Vgl.: Ebd.
[14] Vgl.: Tulodziecki, Gerhard; Herzig, Bardo; Blömeke, Sigrid: Gestaltung von Unterricht. Eine Einführung in die Didaktik. S.225.
[15] Roth, Heinrich: Pädagogische Psychologie des Lehrens und Lernens. S.225.
[16] Vgl. Ebd.
[17] Vgl.: Tulodziecki, Gerhard; Herzig, Bardo; Blömeke, Sigrid: Gestaltung von Unterricht. Eine Einführung in die Didaktik. S.225.
[18] Roth, Heinrich: Pädagogische Psychologie des Lehrens und Lernens. S.225.
[19] Vgl.: Ebd.

Einstellungen ausbilden. Haben die SuS das Gelernte verinnerlicht, ist das Lernziel erreicht.[20]

Roth hat weiterhin einige Grundgedanken geäußert, die für oben beschriebenen didaktischen Ansatz bedeutsam sind. So besteht laut Roth die Aufgabe der Lehrperson darin, unter anderem auch oben genannte Lernhilfen zu geben um bei den SuS Lernprozesse anzuregen und zu unterstützen. Weiterhin sollen sich die die Lernhilfen am Erkenntnis-, Denk- und Lernvorgang der SuS orientieren. Der Lernprozess selbst sollte mit komplexen Lernaufgaben beginnen um den SuS die Schwierigkeiten bewusst zu machen und die Notwendigkeit des Lernens so deutlich zu machen. Der Wille, die Aufgabe zu Lösen wird damit bei den SuS geweckt. Weiterhin sollten die Lernaufgaben laut Roth an das Interesse der SuS anknüpfen und einen Spannungsbogen aufbauen können. Dieser Spannungsbogen muss von der Stufe der Schwierigkeiten über die Lösungsstufe bis zur Stufe des Tuns und Ausführens reichen.

Die Lösung der Aufgabe bildet noch nicht den Abschluss des Lernprozesses, so Roth. Das Behalten und Einüben sowie das Bereitstellen und die Übertragung des Gelernten sind ein wichtiger Teil des Lernprozesses und erst wenn dies gewährleistet ist, ist ein Lernprozess nach Roths didaktischem Modell abgeschlossen.[21]

3. Beispiel einer Unterrichtsvorbereitung nach Roths lerntheoretischem Ansatz

Die folgende Unterrichtsstunde bezieht sich auf das Thema „Einführung in die Weltreligionen". Es ist die erste Stunde einer Unterrichtssequenz zum Thema Weltreligionen und soll dieses erst einmal nur einleiten. Es ist für den Religionsunterricht in der Sekundarstufe I gedacht, besonders für eine niedrigere Klasse. Es handelt sich hierbei um eine komponentenbezogene Unterrichtsvorbereitung[22] die nach dem didaktischen Ansatz von Dr. Heinrich Roth entwickelt wird.

---

[20] Vgl.: Tulodziecki, Gerhard; Herzig, Bardo; Blömeke, Sigrid: Gestaltung von Unterricht. Eine Einführung in die Didaktik. S.225.
[21] Vgl.: Tulodziecki, Gerhard; Herzig, Bardo; Blömeke, Sigrid: Gestaltung von Unterricht. Eine Einführung in die Didaktik. S.226.
[22] Vgl.: Tulodziecki, Gerhard; Herzig, Bardo; Blömeke, Sigrid: Gestaltung von Unterricht. Eine Einführung in die Didaktik. S.168.

3.1 Einordnung des Themas

Das Thema „Weltreligionen" beinhaltet die fünf Religionen, die die meisten Anhänger auf der Welt haben. Sie sind also, was ihre Anhänger betrifft die fünf größten Religionen der Welt. Diesem Thema soll eine Unterrichtssequenz gewidmet werden. Die Unterrichtsstunde zum Thema „Einführung in die Weltreligionen" soll die erste Stunde der Unterrichtssequenz sein. Die Unterrichtssequenz wird voraussichtlich aus sechs Unterrichtsstunden bestehen, wobei neben der Einleitungsstunde jeder der fünf Weltreligionen eine Unterrichtsstunde gewidmet werden soll.

3.2 Lernvoraussetzungen

Da das Thema Religion ein bedeutendes Thema im aktuellen Weltgeschehen ist, ist davon auszugehen, dass die SuS bereits einiges über die verschiedenen Weltreligionen wissen. Besonders über das Christentum werden die SuS durch den Religionsunterricht einiges an Vorwissen mitbringen. Und auch über das Judentum, den Islam sowie über den Hinduismus und den Buddhismus werden die SuS wahrscheinlich schon etwas wissen. Trotzdem ist davon auszugehen, dass das bereits vorhandene Wissen nicht sehr detailliert und ausführlich sein wird. Um gewisse Grundlagen für die folgende Unterrichtssequenz zu schaffen, dient diese Unterrichtsstunde. Letztendlich ist damit zu rechnen, dass bei vielen SuS wenig Vorwissen vorhanden ist.

In der Unterrichtsstunde soll als Arbeitsform die Gruppenarbeit von großer Bedeutung sein. Bedenkt man die voraussichtliche Klassenstufe, ist davon auszugehen, dass die SuS in der Lage sind, in Gruppen Informationen und Wissen zu erarbeiten. Auch die Erstellung eines Informationsplakates in den jeweiligen Gruppen, sollte für die SuS kein Problem darstellen.

Bezogen auf die soziale bzw. moralische Entwicklung der SuS ist eine Spannbreite vom zweiten bis zum dritten Urteilsniveau zu erwarten. Somit ist davon auszugehen, dass das Thema sowie dessen Bedeutung für alle SuS erschließbar sind.

Die SuS werden vermutlich vor allem Zugehörigkeits- und Geltungsbedürfnisse aufweisen. Aus diesem Grund bietet die Unterrichtsstunde durch Gruppenarbeit und auch eigenständige Leistung eine Möglichkeit, die Bedürfnisse der SuS zu befriedigen.

Obige Überlegungen müssten bei der konkreten Planung einer Unterrichtsstunde auf die Klasse und deren Bedingungen angepasst werden.

3.3 Inhalte

Bei dem Inhalt der Unterrichtsstunde „Einführung in die Weltreligionen" sollen zunächst grundlegende Informationen über die fünf Weltreligionen erarbeitet werden. Diese Informationen haben für die SuS den Sinn, dass sie das Allgemeinwissen der SuS erweitern sollen. Auch sind diese Informationen wichtig, da sie das aktuelle Weltgeschehen betreffen. Zudem sind diese Grundlagen wichtig für die folgende Unterrichtsreihe zum Thema Weltreligionen.

Die Unterrichtsstunde soll folgendermaßen ablaufen: Nach der Begrüßung der SuS durch die Lehrperson befestigt die Lehrperson mit Hilfe von Magneten fünf Symbole in Din A4 Größe an der Tafel. Diese fünf Symbole zeigen die Zeichen für die fünf Weltreligionen Buddhismus, Hinduismus, Judentum, Christentum und Islam. Nachdem die Lehrperson die Symbole befestigt hat, wartet sie die Reaktion der SuS ab. Weitere Kommentare der Lehrperson erfolgen vorerst nicht. Die SuS haben nun die Möglichkeit, zu beschreiben was sie sehen und dies gegebenenfalls auch zu deuten. Sicherlich erkennen einige der SuS das Symbol für Christentum und Judentum, und auch die anderen Symbole können einigen der SuS bekannt sein. Es ist davon auszugehen, dass die SuS dadurch schnell das Thema der Unterrichtsstunde erkennen werden. Die Lehrperson fragt die SuS daraufhin, was sie über die fünf Weltreligionen wissen. Die SuS wissen sicherlich einiges über die Weltreligionen, werden aber auch schnell feststellen, dass ihnen noch einige grundlegende Informationen fehlen. Die Lehrperson erklärt daraufhin, dass diese fehlenden Informationen in der Unterrichtsstunde erarbeitet werden sollen. Dies stellt auch die Grundaufgabe der Unterrichtsstunde dar. Um die Aufgabe mit den SuS lösen können, teilt die Lehrperson die Klasse in fünf etwa gleichgroße und auch ähnlich leistungsstarke Gruppen ein. Danach verteilt die Lehrperson an jede der Gruppen Handouts zu den verschiedenen Religionen, mit einem kurzen Informationstext drauf. Jede Gruppe erhält Informationen zu jeweils einer der fünf Religionen. Die Aufgabe besteht darin, die Texte zu lesen und in den jeweiligen Gruppen ein Informationsplakat zu der Religion zu erstellen.

Hierbei sollen die wichtigsten Informationen über die Weltreligionen erarbeitet werden und auf einem Plakat festgehalten werden. Den Nutzen dieser Plakate erläutert die Lehrperson während des Austeilens der Plakate. Sie sollen während der folgenden Unterrichtsreihe an den Wänden des Klassenraums befestigt werden, damit die SuS sie immer im Blick haben und so eventuelle Probleme während des Unterrichts selbstständig lösen zu können.

Die Plakate sollten die wichtigsten Informationen enthalten.

Die Gruppe, die sich mit dem Islam beschäftigt, sollte unter anderem erarbeiten, dass der Islam im 6 Jahrhundert in Arabien entstanden ist. Auch dass Allah der Gott der Muslime ist und der Koran die heilige Schrift des Islams ist, sollte das Plakat verdeutlichen. Die Kaaba in Mekka als zentraler Punkt des Islams ist ein weiterer wichtiger Aspekt. Auch die Synagoge als Gebetshaus der Moslems ist eine wichtige Information über den Islam. Weiterhin ist wichtig, dass Mohammed ein Prophet war, dem der Koran offenbart wurde. Als weitere, wichtige Grundinformation über den Islams sind die fünf Säulen des Islams zu nennen. Diese fünf Säulen bestehen aus dem islamischen Glaubensbekenntnis, dem fünfmaligen, täglichen Beten, der Almosensteuer am Ende des Ramadans, dem Fasten im Ramadan selber sowie der Pilgerfahrt nach Mekka, die jeder Moslem einmal im Leben gemachten haben sollte.[23]

Die Gruppe, die das Judentum bearbeitet, sollte unter anderem erarbeiten, dass die Synagoge die heilige Stätte der Juden ist. Der Bund Abrahams mit Gott sowie die Thora als Grundlage des Judentums sind weitere wichtige Informationen. Auch das Fehlen einer zentralen Lehrautorität, ähnlich wie Mohammed im Islam, ist ein zentraler Punkt des Judentums. Weitere Informationen, zum Beispiel über die Ausbreitung des Judentums können durch die SuS weiterhin hinzugefügt werden.[24]

Auch die Buddhismus-Gruppe muss einige Informationen erarbeiten. Unter anderem sollten sie Gautama Buddha als Stifter des Buddhismus benennen können, und auch seine Lebenszeit von ca. 563 – 483 v. Chr. als Gründungszeitraum sollte die Gruppe erarbeiten.

Weiterhin ist wichtig, dass das altbuddhistische Schrifttum als Dreikorb (Tripitaka) bezeichnet wird.

Zum Glauben selbst sollten die SuS erarbeiten, dass der Tod als Eintritt in das Nirvana angesehen wird.[25] Ein weiterer wichtiger Aspekt des Buddhismus ist der achtfache Pfad. Auch diesen sollten die SuS auf ihrem Plakat festhalten. Der

---

[23] Vgl.: Von Berger, Frank M; Oetzmann, Dirk: Der große Atlas der Weltreligionen. Islam-Judentum-Buddhismus-Hinduismus-Christentum. Premio Verlag. London; Münster 2007. S.6-47.

[24] Vgl.: Heinzmann, Michael: Judentum. In: Grosse Wissensbibliothek Weltreligionen. Wann war? Was was? Wer war?. Compact Verlag. München 2005. S.79-146.

[25] Vgl.: Ceming, Katharina; Sturm, Hans P: Buddhismus. In: Grosse Wissensbibliothek Weltreligionen. Wann war? Was was? Wer war?. Compact Verlag. München 2005. S.283-353.

achtfache Pfad versucht die Mitte zwischen Luxus und Askese zu finden, um den Weg zum Glück zu erreichen und wurde bereits von Buddha selbst gelehrt. Er besteht aus den 8 folgenden Gliedern:

1. Rechte Einsicht: das Verständnis für die Wahrheit in der Lehre Buddhas.
2. Rechte Gesinnung: Mitgefühl und Wohlwollen gegenüber anderen.
3. Rechte Rede: nicht lügen, fluchen und andere verleumden.
4. Rechtes Handeln: nicht stehlen, töten und nicht so handeln, dass man andere Menschen verletzt oder ihnen schadet.
5. Rechter Lebenserwerb: einen Beruf ausüben, der anderen nicht schadet.
6. Rechtes Streben: der Wille, freundlich und teilnahmsvoll zu sein
7. Rechte Achtsamkeit: Bewusstwerdung gegenüber dem eigenen Handeln und Denken.
8. Rechtes Sichversenken: die Fertigkeit einüben, den unruhigen und abschweifenden Geist zu beherrschen.[26]

Dies sind die mitunter wichtigsten Informationen über den Buddhismus, die die Gruppe erarbeiten und auf ihrem Plakat festhalten sollte.

Auch die Gruppe, die sich mit dem Hinduismus beschäftigt, soll die wichtigsten Informationen erarbeiten. Zum einen ist wichtig, dass der Hinduismus mit einem Ursprung in der Mitte des 2 Jahrtausend vor Chr. die älteste der fünf Weltreligionen ist. Weiterhin verfügt der Hinduismus über keine einheitliche Lehre. Trotzdem verbindet alle Schulen des Hinduismus der Glaube an das ewige Gesetz, das sogenannte Dharma. Hier ist das gesamte menschliche Leben bis ins Kleinste hin geregelt. Ein weiterer wichtiger Aspekt des Hinduismus, den die SuS erarbeiten sollten ist der Glaube an das Karma. Es meint die Anschauung, dass jede menschliche Tat durch ein Ursache-Wirkungs-Geflecht bestimmt ist. Jedes Tun hat Konsequenzen, die dann wiederrum das neue Handeln bestimmen.[27] All dies sollten die SuS aus den Texten erarbeiten und auf ihrem Plakat festhalten.

Die fünfte Gruppe beschäftigt sich mit dem Christentum. Sie sollte folgende Informationen erarbeiten: Das Christentum ist mit fast 2 Milliarden Anhängern zurzeit die zahlenmäßig größte Religion der Welt. Als Begründer des Christentums gilt der jüdische Zimmermannssohn Jesus aus Nazareth. Er erhielt den Namen Gottessohn, da er das Kommen des Reichs Gottes verkündigte. Die Bibel als zentrales Werk des Christentums sollten die SuS ebenfalls erarbeiten. Als wichtige Bestandteile der christlichen Lehre sind die Einzigkeit Gottes und Jesus als Sohn Gottes zu

---

[26] Vgl.: Von Berger, Frank M; Oetzmann, Dirk: Der große Atlas der Weltreligionen. Islam-Judentum-Buddhismus-Hinduismus-Christentum. S.94.

[27] Vgl.: Von Berger, Frank M; Oetzmann, Dirk: Der große Atlas der Weltreligionen. Islam-Judentum-Buddhismus-Hinduismus-Christentum. S.94.

benennen.[28] Weitere, wichtige Informationen können die SuS individuell erarbeiten und auf dem Plakat festhalten.

Nachdem die SuS oben genannte Informationen aus den Handouts erarbeitet haben und die Plakate beschrieben haben dürfen die Gruppen die Inhalte ihrer Plakate den anderen Gruppen vorstellen. Die SuS sollen sich hierbei einige Notizen machen. Nachdem alle Gruppen ihre Arbeiten der Klasse vorgestellt haben, beendet die Lehrperson die Unterrichtsstunde mit der Aufgabe, dass sich die SuS ihre Notizen noch einmal anschauen sollen.

3.4 Zielvorstellungen

Am Ende des Unterrichts sollen die SuS inhaltlich folgende Lehrziele erreicht haben: Die Lernenden sollten die zentralen Glaubensaspekte von Buddhismus, Hinduismus, Judentum, Islam und Christentum nennen können. Weiterhin sollten sie die zentralen Personen der fünf Religionen, die Gebets/Glaubensstätten sowie Entstehungszeit und Ort nennen können. Ebenfalls sollten sie weitere, spezifische Informationen wissen, sowie wichtige Unterschiede zwischen den jeweiligen Religionen.

In Hinblick auf Arbeitstechniken und Arbeitsformen sollen die SuS die Fähigkeit in Kleingruppen zu arbeiten weiterentwickeln. Auch sollen sie erlernen, wichtige Informationen aus einem Informationstext herauszuarbeiten und sie kurz, präzise aber auch kreativ und vor allem informativ auf einem Plakat darzustellen.

Diese Ziele sind im Hinblick auf vorhandene Lehrpläne zu rechtfertigen, in denen das Thema Weltreligionen, vor allem grundlegende Informationen hierüber gefordert werden.

In Hinblick auf die Gegenwart und Zukunft der SuS sind die Inhalte der Unterrichtsstunde sehr bedeutsam und auch die Arbeitstechniken und Arbeitsformen lassen sich im Hinblick auf das weitere Leben der SuS rechtfertigen.

3.5 Lernaktivitäten und Lehrhandlungen

Folgende Lernaktivitäten der Jugendlichen sind in der Unterrichtsstunde erwünscht: Die Jugendlichen sollen sich erst einmal bewusst machen, was sie über das Thema Weltreligionen wissen und worin ihre Schwierigkeiten liegen. Weiterhin sollen sie sich an der Verständigung über die Ziele der Unterrichtsstunde beteiligen und ihre

---

[28] Vgl.: Meier, Klaus: Christentum. . In: Grosse Wissensbibliothek Weltreligionen. Wann war? Was was? Wer war?. Compact Verlag. München 2005. S.5-79.

eigenen Ziele nennen. Auch die Bedeutsamkeit des Themas sollen sich die Schüler bewusst machen. Im Weiteren sollen die SuS Überlegungen anstellen, welche Grundlagen sie erarbeiten sollen, um ihre Schwierigkeiten zu lösen und ihre Ziele zu erreichen. Durch die Arbeit an den Informationstexten sollen die SuS diese Grundlagen selbstständig in Gruppen erarbeiten. Daraufhin sollen sie ihre Lösung vorstellen und sich zudem Notizen zu den Vorstellungen der anderen Gruppen machen. Im abschließenden Gespräch sollen die SuS gegebenenfalls weiterführende Fragen stellen, die Inhalte bespreche und den Lernweg und die Lernergebnisse mit der Lehrperson reflektieren.

3.6   Erfahrungsformen bzw. Medien, Sozialformen und Organisation

Als Medien in der Unterrichtsstunde bietet sich folgende Verwendung an:

Der Einstieg in das Thema mithilfe der fünf Symbole der Weltreligionen kann durch eine Powerpoint-Präsentation, Overheadfolien oder ausgedruckte Exemplare, die an der Tafel befestigt werden, stattfinden. Die Informationen, die der Erarbeitung von Grundlagen dienen sollen, werden auf Hand-Outs an die Klasse verteilt. Die erarbeiteten Informationen werden auf Plakaten durch die SuS festgehalten. Die fertigen Plakate werden an den Klassenraumwänden befestigt um auch in Zukunft für die SuS sichtbar zu sein. Während der Vorträge durch die einzelnen Gruppen halten die SuS für sie wichtige Informationen in ihrem Heft fest.

Die Sozialformen in der Unterrichtsstunde sehen folgendermaßen aus:

Der Einstieg in das Thema mithilfe der Symbole findet als Klassengespräch unter Leitung der Lehrperson statt. Auch das Sammeln bereits bekannter Informationen sowie von Fragen und Problemen findet im Klassengespräch statt. Das daraufhin folgende Erarbeiten von Informationen findet in Gruppenarbeit statt. So auch das Fertigen eines Informationsplakats. Die Präsentation der Ergebnisse durch die Gruppen findet im Klassengespräch unter Leitung der jeweiligen Gruppe statt. Die darauf folgende Besprechung von weiterführenden Fragen und Problemen findet ebenfalls im Klassengespräch unter Leitung der Lehrperson statt.

3.7   Hausarbeiten und Lernerfolgskontrolle

Um das neu erlernte Wissen zu sichern, sollen sich die SuS ihre Notizen zu Hause noch einmal anschauen. Zum Abschluss der gesamten Unterrichtsreihe soll es eine Klassenarbeit als Lernerfolgskontrolle geben.

3.8 Handlungslinie

Im Folgenden wird für die geplante Unterrichtsstunde eine Handlungslinie unter Berücksichtigung des didaktischen Ansatzes von Dr. Heinrich Roth beschrieben.

(1) Stufe der Motivation

Die Stufe der Motivation dient dem Erwecken eines Lernmotives und dem Anstoßen eine Lernprozesses.[29] Die Lehrperson befestigt hierzu fünf Symbole mithilfe von Magneten an der Tafel, die die fünf Symbole der Weltreligionen darstellen. Weiter sagt die Lehrperson dazu nichts und wartet erst einmal die Reaktion der SuS ab. Die SuS haben nun die Möglichkeit, Fragen zu stellen, zu assoziieren, ihr bereits vorhandenes Wissen zu erläutern oder persönliche Probleme darzustellen. Auf diese Reaktionen der SuS geht die Lehrperson ein, beantwortet Fragen und versucht die SuS in die Richtung der Aufgabenstellung zu lenken.hierdurch wird an die Bedürfnisse und Interessen der SuS angeknöpft, laut Roth eine Lernhilfe zur Motivierung eines Lernprozesses.[30]

(2) Stufe der Schwierigkeiten[31]

Durch das gezielte Fragen zu Informationen über die Weltreligionen durch die Lehrperson sowie durch das vorangegangene Klassengespräch entdeckt die Lehrperson die Schwierigkeiten der SuS und auch die SuS selbst entdecken ihre Schwierigkeiten im Umgang mit dem Thema. Im weiteren Klassengespräch sollen die SuS selbst Lösungsvorschläge machen und auch Gründe nennen, warum sie die Aufgabe lösen wollen.

(3) Stufe der Lösung[32]

Die Lehrperson führt den Lösungsweg auf.[33] Die SuS sollen mithilfe von Informationstexten wichtige Informationen zu den fünf Weltreligionen in Einzelarbeit erarbeiten, diese daraufhin in Gruppen zusammentragen und auf einem Plakat festhalten.

(4) Stufe des Tuns und Ausführens[34]

---

[29] Vgl.: Tulodziecki, Gerhard; Herzig, Bardo; Blömeke, Sigrid: Gestaltung von Unterricht. Eine Einführung in die Didaktik. S.224.
[30] Vgl.: Ebd.
[31] Vgl.: Ebd.
[32] Vgl.: Ebd.
[33] Vgl.: Ebd.
[34] Vgl.: Tulodziecki, Gerhard; Herzig, Bardo; Blömeke, Sigrid: Gestaltung von Unterricht. Eine Einführung in die Didaktik. S.224.

Die Lehrperson verteilt die Informationstexte an die SuS und lässt diese die Texte in Gruppen oder gegebenenfalls auch in Einzelarbeit lesen. Daraufhin sollen die SuS in den jeweiligen Gruppen die wichtigsten Informationen erarbeiten und sich notieren.

(5) Stufe des Behaltens und Einübens[35]

Um die erarbeiteten Informationen besser behalten zu können und sie erneut einzuüben sollen die SuS möglichst kreativ und übersichtlich die Informationen auf einem Plakat festhalten.

(6) Stufe des Bereitstellens, der Übertragung und der Integration des Gelernten[36]

Die SuS sollen zum Abschluss der Stunde ihre Plakate in ihren Gruppen der Klasse vorstellen. Die Klasse soll sich hierbei Notizen machen.

4. Fazit

In meiner Hausarbeit habe ich den lerntheoretischen Ansatz von Dr. Heinrich Roth dargestellt und ihn genutzt um eine Unterrichtsstunde in einer komponentenbezogenen Unterrichtsvorbereitung zu planen. Dies ist mir meiner Meinung nach relativ gut gelungen. Sicherlich konnte ich nicht alle Möglichkeiten, die ein Schulalltag bietet, sowie alle möglichen Reaktionen und Ereignisse innerhalb dieser Planung berücksichtigen und es ist auch eher unwahrscheinlich, dass eine Stunde planungsgemäß abläuft. Trotzdem bin ich der Meinung, dass meine Unterrichtsvorbereitung in so weit genug Spielraum lässt, um auch unvorhersehbare Ereignisse mit einzubinden.

Alles in allem bin ich persönlich sehr zufrieden mit dieser Unterrichtsplanung und bin ebenso der Meinung, dass diese dazu geeignet ist, sie im Schulalltag einzubinden und auszuführen.

---

[35] Vgl.: Ebd.
[36] Vgl.: Ebd.

5. Literaturverzeichnis

Grosse Wissensbibliothek Weltreligionen. Wann war? Was was? Wer war?. Compact Verlag. München 2005.

Roth, Heinrich: Pädagogische Psychologie des Lehrens und Lernens. 9.Auflage. Herman Schroeder Verlag. Hannover 1966

Tulodziecki, Gerhard; Herzig, Bardo; Blömeke, Sigrid: Gestaltung von Unterricht. Eine Einführung in die Didaktik. 2. Auflage. Julus Klinkhardt Verlag. Bad Heilbrunn 2009.

Von Berger, Frank M; Oetzmann, Dirk: Der große Atlas der Weltreligionen. Islam-Judentum-Buddhismus-Hinduismus-Christentum. Premio Verlag. London; Münster 2007.